Wasserforscher-Wissen

Hier ist das Wasser sehr klar.

Wie schnell fließt das Wasser?

Ob Bach, Fluss, Tümpel oder See: In jedem Gewässer findest du unterschiedliche Pflanzen und Tiere! Das liegt daran, dass die Lebensbedingungen überall anders sind.

Im Gebirgsbach   Das Wasser in einem Gebirgsbach fließt sehr schnell, es ist klar, kalt und sprudelnd und enthält deshalb auch viel Sauerstoff. Das Wasser reißt feine Partikel mit, so ist das Wasser hier arm an Nährstoffen und der Bodengrund steinig.

Im Bach und Fluss   Wo der Untergrund flacher ist, da

fließt auch das Wasser langsamer. Feine Partikel können sich am Boden ablagern und so sammeln sich auch Nährstoffe und Schlamm am Bodengrund an. Je langsamer das Wasser fließt, umso wärmer wird es und umso weniger Sauerstoff enthält es.

Im See   In großen Vertiefungen im Boden sammelt sich das Wasser zu Seen an. Viele Seen werden von Flüssen durchflossen. Das Wasser in einem See fließt kaum noch, dafür kann es aber sehr tief sein. Je nachdem, wie viele Nährstoffe in einen See gespült

werden (z. B. von angrenzenden Äckern) gibt es nährstoffarme und nährstoffreiche Seen. Je trüber und wärmer das Wasser, desto mehr Nährstoffe und umso weniger Sauerstoff sind darin enthalten.

Im Tümpel   Tümpel sind kleine, flache Gewässer, in denen das Wasser nicht fließt. Viele Tümpel trocknen im Sommer ganz aus. Je flacher ein Tümpel, desto schneller heizt er sich im Sommer auf. Manche Tümpel sind dann mit 30° C reinste Badewannen! In Tümpeln befinden sich meist viele Nährstoffe und viel Bodenschlamm. Dennoch enthält das Wasser hier meist genug Sauerstoff, weil das Wasser so flach ist und damit die Wasseroberfläche im Verhältnis sehr groß ist. Über die Wasseroberfläche gelangt ja viel Sauerstoff aus der Luft ins Wasser.

Experiment: Wie tief ist das Wasser?   Das brauchst du: Einen langen Stock, eine 10 m langen Schnur, bunte Wollfäden, einen Stein und einen Zollstock oder ein Maßband. Knote die Schnur am einen Ende an den Stock, ans andere Ende bindest du sie fest um den Stein. Nun knotest du im Abstand von 50 cm jeweils einen bunten Wollfaden um die Schnur. Halte den Stock über das Wasser und lasse den Stein zu Boden sinken. Schau, welcher Wollfaden gerade noch aus dem Wasser schaut. Nun musst du nur noch an Land die Abschnitte zusammenrechnen. **Tipp:** In flacheren Gewässern wie in kleinen Bächen knote die bunten Wollfäden in 10- oder 20-cm-Abständen an die Schnur.

Die Plattbauch-Libelle wird vom Wasser- zum Lufttier.

Jede Menge Wasser-Gespenster

Weißt du, warum du Libellen fast immer an Gewässern triffst? Weil sie die meiste Zeit ihres Lebens unter Wasser verbringen! Das klingt unglaublich, ist aber wahr.

Was ist eine Larve?   Doch was da unter Wasser lebt, sieht noch gar nicht aus wie eine Libelle! Es hat keine Flügel und ist grau und unscheinbar. So sehen Libellenkinder aus. Sie werden „Larven" genannt. Das bedeutet übersetzt soviel wie „Gespenst" oder „Maske", und etwas gespenstisch sehen sie auch wirklich aus. Larven sehen aber nicht nur anders aus als ihre Eltern – sie leben auch ganz anders. Statt durch die Luft zu schwirren, kriechen sie unter Wasser zwischen Pflanzenstängeln umher. Und statt Mücken und kleine Falter aus der Luft zu erbeuten, fangen sie Wassertierchen und kleine Fische. Zum Atmen haben sie Kiemen wie Fische.

Entlarvt!   Ist die Larve groß und kräftig genug, kriecht sie aus dem Wasser und hält sich an einem Pflanzenstängel fest. Jetzt passiert etwas wirklich Unheimliches: Ihr Rücken platzt auf und nach und nach schiebt sich aus der grauen Haut ein farbiger Körper heraus. Er reckt und streckt sich, bis er endlich die alte Haut ganz verlassen kann. Dann entfalten sich nach und nach 4 Flügel – das ist die fertige Libelle!

So wie die Libellen machen es viele andere Insekten am Wasser: Mücken, Köcherfliegen, Schlammfliegen und Eintagsfliegen. Dabei dauert das Leben unter Wasser immer viel länger als das über Wasser. Die meisten Larven leben mehrere Jahre im Wasser und verbringen nur wenige Wochen als Land- und Lufttiere. Ganz extrem ist es bei den Eintagsfliegen: Sie fliegen sogar nur wenige Tage als Lufttiere umher. Doch das genügt ihnen, um sich zu paaren und Eier ins Wasser zu legen.

Die berühmtesten Gespenster Es gibt aber noch viel mehr, sogar sehr bekannte Larven, die deshalb auch eigene Namen tragen. Bei den Schmetterlingen heißen die Larven „Raupen", bei Fröschen heißen sie „Kaulquappen". Die findest du aber nicht das ganze Jahr über im Wasser. Nachdem ihre Eltern im Frühjahr Eier

ins Wasser gelegt haben, schwimmen sie bald umher wie kleine Fische. Bis zum Sommer wird dann der Fischschwanz eingeschmolzen und stattdessen wachsen ihnen Arme und Beine. Im Sommer verlassen sie als winzige Jungfrösche das Gewässer.

Keschern: die richtige Technik ist wichtig.

Keschern – aber richtig!

Wenn du in einen Bach oder Tümpel schaust, so siehst du
vermutlich erst einmal nichts. Doch lasse dich nicht täu-
schen! Wassertiere sind richtig gut im Verstecken spielen.
Das ist wichtig, damit sie nicht von größeren Tieren gefres-
sen oder mit der Strömung fortgerissen werden. Weißt du
erst einmal, wo und wie du suchen musst, dann wirst du
überwältigt sein von der Fülle an Leben!

Unter Steinen und Stöcken   Besonders beliebte Verstecke
in Bächen und Flüssen sind in Ufernähe liegende Stöcke,
Rindenstücke oder Steine. Heb sie vorsichtig an: Ist das
ein Gewimmel? Besonders Bachflohkrebse, Wasserasseln,
Egel und die Larven der Köcherfliegen leben hier. Halte am
besten gleich ein kleines Sieb oder einen Kescher in Strömungsrichtung davor, denn schon beim Anheben werden
die ersten Tierchen mit der Strömung fortgerissen! Dann
lege den Ast oder Stein in eine flache, mit Wasser gefüllte
Schale. Viele Tierchen kleben nämlich richtig daran fest.
Jetzt kannst du sie unter der Lupe anschauen.

In Kies und Matsch   Manche Tiere, wie Muscheln und Würmer, aber auch manche Insektenlarven leben eingegraben im Untergrund. Wühle mit der Hand vorsichtig im Kies oder Schlamm am Ufer. Halte ein Sieb oder einen Kescher in Strömungsrichtung davor.

Zwischen Falllaub am Ufer   Auch zermatschtes Laub im Uferbereich ist ein beliebtes Versteck für Wasserasseln, Bachflohkrebse und Wasserwanzen. Nimm einfach eine Hand voll und lege das Laub in eine wassergefüllte Schale. Sammle die Blätter heraus und streife die daran sitzenden Tierchen ab.

Verstecke im Pflanzengewirr   In Tümpeln und Seen findest du die meisten Tierchen im Pflanzengewirr in Ufernähe: Hier ist das Wasser flach und warm und es gibt jede Menge Verstecke. Da fühlen sich viele Wasserkäfer und Insektenlarven wohl. Schüttle die Pflanzen sanft unter Wasser und durchstreiche sie mit deinem Sieb. Aber auch am Bodengrund liegende Äste und Steine sind begehrte Verstecke – ein Blick darunter lohnt immer!

Was tun mit dem Fang?   Setze die Tierchen zum Betrachten am besten einzeln in kleine Becher oder Becherlupen. Nun kannst du sie in Ruhe betrachten, ohne dass die Tiere sich gegenseitig angreifen oder gar auffressen. Auch flache, weiße Schalen  wie leere Eispackungen sind zum Anschauen nützlich. Setze die Tiere nach dem Betrachten bitte gleich wieder zurück an ihren Fundort, denn das ist ja ihr Zuhause.

Spannendes Wasserleben ganz nah.

Toll: ein Tümpelaquarium!

Ein Tümpelaquarium bietet dir die Möglichkeit, gekescherte Tiere nicht nur kurz anzuschauen, sondern ihr natürliches Verhalten genauer zu beobachten. Hier kannst du verfolgen, wie aus Schneckeneiern winzige Schneckchen schlüpfen, wie sich Insektenlarven in Flugtiere verwandeln, wie die Larve des Gelbrandkäfers Beute macht und vieles, vieles mehr! Im Gegensatz zum Warmwasseraquarium benötigst du für das Tümpelaquarium keine aufwändige Technik, keine spezielle Einrichtung und auch keine Chemikalien.

Bitte keine Fische Bitte setze nur Kleintiere in dein Tümpelaquarium. Für Fische genügt die Wasserqualität nicht und sie würden darin eingehen!

So könnt ihr die Tiere gut sortieren.

In der Becherlupe kannst du die Tiere vor dem Einsetzen genau bestimmen.

So richtest du es ein:
Du brauchst

- Ein größeres, wasserfestes Behältnis aus Plastik oder Glas,
- Sand oder Kies,
- Wasser aus dem Gewässer, an dem du kescherst und Leitungswasser,
- reichlich Wasserpflanzen aus dem Gewässer, an dem du kescherst,
- einige Äste und Steine mit Raum darunter zum Verstecken für die Tierchen.
- Als Futter eignen sich Mückenlarven oder Wasserflöhe aus dem Zoogeschäft.

Zuerst füllst du den Bodengrund in dein Gefäß. Der Boden sollte etwa 3 cm hoch bedeckt sein. Nun füllst du so viel Teich- oder Flusswasser ein, dass das Gefäß etwa zu 1/3 gefüllt ist. Als nächstes setze die Wasserpflanzen mit ihren Wurzeln in den Bodengrund ein. Lege Äste und Steine auf den Boden und gib noch reichlich schwimmende Wasserpflanzen ins Wasser: Sie sorgen dafür, dass genügend Sauerstoff im Wasser ist! Zum Schluss befüllst du dein Aquarium bis etwa 4 cm unterhab der Oberkante mit Leitungswasser. Nun dürfen die ersten Tiere einziehen!

Wichtig

Es müssen immer einige Schilfhalme oben aus dem Wasser ragen, damit Insektenlarven hier hochkriechen und sich häuten können Dafür muss ein Tümpelaquarium oben offen sein. Geschlüpfte Tiere bitte sofort freilassen!

So findest du dein Wasserwesen im Buch
Damit du dein Wassertier oder deine Wasserpflanze
möglichst schnell finden kannst, haben wir sie in fünf
Gruppen eingeteilt. Oben auf jeder Bestimmungsseite
findest du das Symbol für die Gruppen im farbigen Balken.

- Ist es eine **Pflanze**?
- Handelt es sich um ein **Säugetier** oder einen **Vogel**?
- Hast du einen **Frosch** oder **Molch** gefunden?
- Ist es dir gelungen, einen **Fisch** zu fangen?
- Oder hast du ein **Kleintier** gekeschert?

Felix, der schlaue Fuchs, verrät dir noch mehr:
Welche Tiere zeigen sauberes Wasser an und welche kön-
nen stechen? Sind Wasserschlangen gefährlich? Wo sind
all die Tiere im Winter? Entdecke mit Felix Molche, die
Hochzeit machen, kletternde Frösche und fleischfressende
Pflanzen!

Tiere und Pflanzen bestimmen

 bis 60 cm

Sumpfdotterblume

Typisch   Blüht schon ab März goldgelb am Gewässerufer und auf sumpfigen Wiesen.

Die mit den Sümpfen schwindet   Als die Eltern eurer Eltern noch Kinder waren, da brachten sie im Frühling von den Wiesen dicke Sträuße von Sumpfdotterblumen mit nach Hause. Die Pflanze war so häufig, dass das kein Problem war! Heute steht die Sumpfdotterblume unter Schutz, denn sie wird immer seltener. Daran sind aber nicht die Kinder Schuld: Die Erwachsenen haben viele feuchte Wiesen eingeebnet und trockengelegt und die Gräben zugeschüttet.

Blüht in noch winter-
kahler Landschaft.

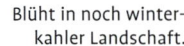

Magnet für Insekten

Schau dir einmal ihre goldgelb glänzenden Blüten von Nahem an: Fast immer kannst du darauf kleine Käfer oder Fliegen entdecken. Das liegt daran, dass die Blüten der Sumpfdotterblume vollgefüllt sind mit süßem Blütennektar und leckerem Blütenstaub!

Sumpf-Schwertlilie

Typisch   Blüht leuchtend gelb in Sümpfen, feuchten Auwäldern und an flachen Ufern von Seen, Teichen und Gräben.

Schwerter und Münzen   Die Sumpf-Schwertlilie ist zu jeder Jahreszeit leicht zu erkennen: Im Frühling schiebt sie ihre 1–3 cm breiten, graugrünen, schwertförmigen Blätter aus dem Boden am Gewässerufer, im Sommer sind ihre leuchtend gelben Blüten am Wasser unverkennbar und im Herbst findest du anstelle der Blüten ihre runden Samen, die fein säuberlich wie Münzen in einer Geldrolle angeordnet sind. Achtung: Alle Pflanzenteile sind giftig!

Sauber verpackt: Die Samen der Sumpf-Schwertlilie.

Wegweiser für Hummeln

Auf den Blütenblättern siehst du bräunliche Striche: Sie sind dazu da, Hummeln den Weg zum Grund der Blüte zu weisen. Dort steht in einem tiefen Kelch süßer Blütennektar für sie bereit. Auf dem Weg dorthin bestäubt die Hummel dafür die Blüte.

Seerose

Typisch   Bildet in ruhigen Buchten hübsche Schwimm-teppiche aus Blättern und Blüten.

Boot am Anker   Die Blüten und Blätter der Seerose treiben oben auf dem Wasser wie kleine Boote, die an langer Leine unten am Grund ankern. Diese Leinen sind die Blüten-stängel: Sie entspringen unten am Gewässergrund aus armdicken Wurzeln und können 3 m lang bis zur Wasser-oberfläche hinaufragen. Im Winter sterben Blüten und Blätter der Seerose ab. Aber im nächsten Sommer schieben sich wieder neue Stängel mit Blättern und Blüten aus den Wurzeln.

Tolle Schwimmnudeln

Hast du im Schwimmbad schon einmal mit einer Schwimmnudel geplanscht? Sie sind lustig, weil sie immer wieder nach oben treiben und dich über Wasser halten. Die Stängel der Seerose funktionieren genauso: Sie halten Blüten und Blätter über Wasser!

Der Stängel ist innen mit Luft gefüllt.

Teichrose

Typisch   Gelbe, kugelige Blüten, im Gegensatz zur Seerose auch in Fließgewässern.

Schau mir auf die Blätter   Die Teichrose bildet zwei ganz verschiedene Arten von Blättern: Die einen sind ledrig und derb und schwimmen oben auf dem Wasser. Typisch ist, dass sie tief herzförmig eingeschnitten sind. Unter Wasser aber sind ihre Blätter labberig, wellig und dünn wie Salat. Weil sie so hellgrün sind, kannst du sie bestimmt durchs Wasser hindurch schimmern sehen. Alle Blätter wachsen aus einer dicken Wurzel am Gewässergrund.

Sie wächst unter und
über Wasser.

Schwimmende Birnen

Im Herbst findest du da, wo im Sommer die gelben Blüten waren, grüne, birnenförmige Früchte. Wenn du vom Ufer oder vom Boot aus eine ergattern kannst, nimm sie mit nach Hause und schneide sie auf: Darin sind Luftkammern – deshalb schwimmen sie!

 bis 100 cm

Pfeilkraut

Typisch   Pfeilförmig zugespitzte Blätter – daher kommt der Name!

Wo das Wasser schwankt   Das Pfeilkraut hat viele Gesichter: Ist der Wasserstand sehr hoch, so bildet es lange, dünne, fadenförmige Unterwasserblätter aus. Sinkt der Wasserstand, dann wachsen aus derselben Wurzel am Gewässerboden ganz andere Blätter: Sie sind oval und schwimmen oben auf dem Wasser. Sinkt der Wasserspiegel noch weiter, wachsen die typischen, pfeilförmigen Blätter heran: das ist die Landform des Pfeilkrauts.

So sieht das Pfeilkraut über Wasser aus.

Warum so viele Gesichter?

Mit seinen unterschiedlichen Blatttypen ist das Pfeilkraut perfekt an wechselnde Wasserstände angepasst. Egal, wie hoch das Wasser am Ufer steigt: Dem Pfeilkraut geht es dabei immer gut! Wie das Pfeilkraut machen es viele andere Wasserpflanzen.

Wasserfeder

Typisch   Nur der Blütenstängel ragt aus dem Wasser.

Heimliche Schönheit   Die Wasserfeder wächst den Großteil des Jahres still und heimlich unter Wasser: Hier bildet sie dichte, hellgrüne Kissen aus fein gefiederten Blättern am Gewässergrund. Damit versorgt sie das Wasser mit wertvollem Sauerstoff. Doch zwischen Mai und Juli wird die Wasserfeder auch über Wasser sichtbar: Da schieben sich bis zu 30 cm lange Blütenstängel mit zarten weißen oder hellrosa Blüten ans Tageslicht!

Hellgrüne Polsterkissen
unter Wasser.

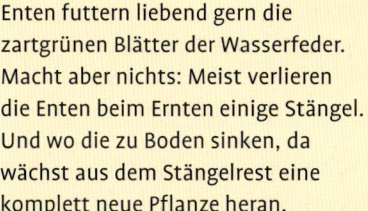

Aus 1 mach viele!

Enten futtern liebend gern die zartgrünen Blätter der Wasserfeder. Macht aber nichts: Meist verlieren die Enten beim Ernten einige Stängel. Und wo die zu Boden sinken, da wächst aus dem Stängelrest eine komplett neue Pflanze heran.

Flutender Hahnenfuß

Typisch   Hübscher Blütenteppich in strömenden Bächen, Blütenblätter außen weiß, innen gelb.

Die Wiese im Wasser   In kühlen und klaren Bächen bildet der Flutende Hahnenfuß mit seinen bis zu 6 m langen Stängeln und fein zerschlitzten Blättern richtige Wiesen im Wasser. Diese Wiesen reichern das Wasser mit Sauerstoff an und filtern Trübstoffe heraus. Zusätzlich bieten sie vielen Wassertieren Unterschlupf, und Fische wie der Hecht legen gern ihre Eier hier ab – in der Nähe der Pflanzen sind die Eier immer gut mit Sauerstoff versorgt.

Mit langen Stängeln und fein zerschlitzten Blättern.

Experiment
Wasserströmung

Halte einmal Deine geschlossene Handfläche gegen die Strömung im Bach. Spürst du den starken Widerstand? Nun spreize Deine Finger weit auseinander. Merkst du den Unterschied? Aus demselben Grund haben viele Unterwasserpflanzen so fein zerschlitzte Blätter!

Schwimmendes Laichkraut

Typisch   Ledrige, grüne und rötliche Schwimmblätter, 5 – 12 cm lang.

Die Unbenetzbare   Das Schwimmende Laichkraut ist nicht selten, du findest an fast jedem stillen oder langsam fließenden Gewässer einen Teppich aus seinen Schwimmblättern. Versuche einmal, Wasser auf eines der Schwimmblätter zu tröpfeln. Es wird dir nicht gelingen, das Blatt nass zu machen (es sei denn, du tauchst es ganz unter) – jeder Wassertropfen perlt sofort davon ab. Das liegt an eingelagerten Öltröpfchen an der Blattoberfläche.

Mit Blättern, die auf dem Wasser schwimmen.

Schnecken züchten

Unter Schwimmblättern kleben oft ganze Pakete von Schneckeneiern. Sie sind meist um 1 cm lang und fühlen sich glibberig an. Nimm das Blatt in einem wassergefüllten Eimer mit und lege es in dein Tümpelaquarium. Bald schlüpfen daraus die Babyschnecken.

bis 250 cm

Rohrkolben

Typisch   Im Sommer mit dicker „Zigarre" oben am Halm: Das sind ganz viele, winzige Blüten.

Pflanzen-Kläranlage   Der Rohrkolben ist eine sehr nützliche Pflanze, denn zwischen seinem dichten Wurzelgeflecht unter Wasser leben Mikrolebewesen, die Schmutz aus dem Wasser aufnehmen und in gute Nährstoffe umwandeln. Auch der Rohrkolben selbst filtert Schmutz aus dem Wasser und versorgt das Wasser zusätzlich mit Sauerstoff. Überall da, wo Abwässer in Klärteiche eingeleitet werden, pflanzt man deshalb Rohrkolben an.

Aus dem Blütenkolben werden die Samen frei.

Indianergurke

Aus den Wurzeln des Rohrkolbens haben die Indianer früher Mehl hergestellt. Das Innere des Stängels ist auch roh essbar: es schmeckt wie Gurke. Doch da Rohrkolben unter Naturschutz steht, sollten wir ihn nicht herausrupfen, um ihn aufzuessen.

Schilf

Typisch   Hohes Gras am Ufer von Seen und Sümpfen.

Toll für Tiere   Wo Schilf wächst, da ist der Boden sumpfig oder sogar ganz unter Wasser. Hier sind Füchse und Marder nicht gern unterwegs. Darum können Vögel hier, umgeben von dichten Halmen, ihre Küken führen. Blässrallen brüten gern auf umgeknickten Schilfhalmen und Rohrsänger flechten ihre Nester kunstvoll zwischen einzelne Schilfstängel. Viele Libellenlarven nutzen Schilfstängel, um aus dem Wasser zu klettern und sich zur fertigen Libelle zu häuten.

Schilf bietet vielen Tieren Schutz und Nahrung.

Das Dach aus Schilf

Wo es viele Seen gibt, da wächst auch viel Schilf. In solchen Regionen hat es eine lange Tradition, Dächer mit dicken Büscheln aus trockenen Schilfhalmen zu decken. Solche „Reetdächer" halten viele Jahre und sind tatsächlich wasserdicht!

meist bis 150 cm

Tausendblatt

Typisch   Grüne Fadenmatten unter Wasser. Im Sommer mit winzigen, zartgelben Blüten, die aus dem Wasser ragen.

Experiment Wasserglas   Wenn du beim Keschern kleine Stücke von Wasserpflanzen mit herausbeförderst, so ist meist auch das Tausendblatt mit dabei, denn es ist sehr häufig. An der Luft sieht es aber, wie die meisten untergetaucht lebenden Pflanzen, nicht besonders hübsch aus, da seine Blätter hier einfach zusammenkleben. Doch gibst du den Stängel in ein Glas mit klarem Wasser, so entfaltet das Tausendblatt augenblicklich seine ganze Schönheit für Dich!

Nur die Blüten ragen aus dem Wasser heraus.

Schau genau hin!

Wasserpflanzen zu bestimmen ist oft nicht einfach, denn meist wachsen verschiedene Arten neben- und übereinander. So ist es nicht einfach, die Blüten den richtigen Blättern zuzuordnen. Zupfe zum Bestimmen vorsichtig eine Pflanze heraus.

Wasserpest

Typisch   Stängel rundum mit länglichen Blättchen besetzt. Bildet überall grüne Matten im Wasser.

Experiment Wasserpest   Die Wasserpest heißt so, weil sie sich so rasch ausbreitet „wie die Pest". In kurzer Zeit wuchert sie Gräben und Teiche zu und aus jedem abgerissenen Stängel wächst woanders ein neuer Wasserpest-Teppich heran. Zupfe einen Stängel ab, gib ihn in ein leeres, sauberes Marmeladenglas mit etwas Bodengrund aus dem Teich und stelle das Glas auf die Fensterbank. Schau selbst, wie schnell die Wasserpest wächst!

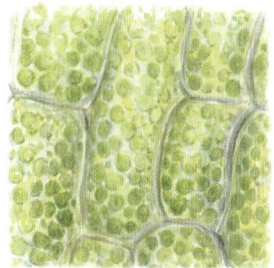

Zellen der Wasserpest unter dem Mikroskop.

Runde, grüne Kraftwerke

Unter dem Mikroskop erkennt man, dass die Wasserpest aus einzelnen Zellen besteht. In jeder Zelle siehst du viele grüne Kügelchen. Das sind die Kraftwerke der Pflanze: In ihnen wird der Sauerstoff hergestellt, der in Bläschen aus dem Wasser aufsteigt.

 bis 60 cm

Wasserschlauch

Typisch Gelbe Blüten, die ohne Blätter aus dem Wasser ragen. Unter Wasser mit Fangblasen.

Fleischfresser! Diese hübsche Blume ist alles andere als harmlos: Sie fängt kleine Wasserinsekten und frisst sie auf! Ihre Fallen liegen versteckt unter Wasser zwischen ihren fädig zerschlitzten Blättern. Berührt ein kleines Tier so eine Fangblase, dann öffnet sie sich blitzartig und das Tier wird mit einem kräftigen Wassersog nach innen eingesogen. Zack – geht die Falle zu und das Tier wird von ätzenden Verdauungssäften langsam aufgelöst.

Über Wasser sieht man nur die hübschen Blüten.

Tausend hungrige Mägen

Eine einzige Pflanze kann Tausende solcher Fangblasen tragen. Jede davon funktioniert wie ein hungriger Magen, der gleichzeitig selbst seine Beute fängt. Mit ihren Mini-Mägen fängt eine Pflanze täglich massenhaft kleine Krebse, Würmer und Insektenlarven.

Krauses Laichkraut

Typisch Lebt untergetaucht. Blätter am Rand wellig mit spitzen Zähnchen.

Sorgt für Sauerstoff Das Laichkraut wächst am besten in Gewässern mit schlammigem Grund, denn im Bodenschlamm gibt es jede Menge Nährstoffe. Meist sind solche Teiche und Flüsse eher trübe und schmutzig. Hier leistet das Laichkraut nützliche Dienste: Mit seinen langen Unterwasserblättern bildet es dichte Teppiche und produziert viel Sauerstoff, den Fische und andere Wasserbewohner zum Leben brauchen.

Bildet Wälder aus
krausen Blättern.

Unterwasserwald

Viele Wasserbewohner finden in dem Blättergewirr des Laichkrauts gute Verstecke. Du kannst hier viele Insektenlarven und Krebschen keschern. Den Namen Laichkraut trägt es, weil Fische und Frösche hier gern ihre Eier, den Laich, ablegen.

 0,5 cm

Teichlinse

Typisch   Bildet im Sommer in ruhigen, windgeschützten Buchten Matten auf dem Wasser.

Pflanze ohne Stängel   Teichlinsen sind eigenartige Pflanzen, denn sie bestehen nur aus einem Blättchen mit Wurzeln daran. Das Blatt treibt dabei oben auf der Wasserfläche und die feinen Wurzeln daran hängen frei ins Wasser. Erwärmt sich das Wasser und sind viele Nährstoffe darin, so wachsen Teichlinsen explosionsartig und bedecken bald den ganzen Teich: Jede Pflanze kann sich innerhalb von zwei Tagen verdoppeln – das ist Rekord im Pflanzenreich!

Stockenten futtern gern „Entengrütze".

Entengrütze

Im Sommer finden Enten auf nährstoffreichen Teichen immer einen reich gedeckten Tisch: Sie brauchen nur ihre Schnäbel zu öffnen und durchs Wasser zu ziehen, schon ist er voller leckerer „Entengrütze". Besonders Küken lieben den grünen Brei.

Fischotter

Typisch   Lang und schlank mit kurzen Beinen.

Verspielter Wassermarder   Fischotter sind nur nachts unterwegs und deshalb leider nur selten zu beobachten. Das liegt aber auch daran, dass ein Fischotter-Revier sehr groß ist: 30–40 km fischreiche Bachläufe braucht ein einziger Fischotter! In seinem Revier hat er oft 20 oder noch mehr Unterschlüpfe unter Baumwurzeln. Hier verschläft er den Tag. Fischotter jagen nicht nur Fische, sondern auch Krebse, Frösche, Insekten und Wasservögel.

Fischotterkinder üben schwimmen und Fische fangen.

Warum ist er so selten geworden?

Früher waren Fischotter an jedem Gewässer zuhause. Weil sie Fische fressen, wurden sie vom Menschen stark bejagt. Aber auch, weil ihr Pelz sich gut verkaufen ließ. Hinzu kommt, dass viele unserer Flüsse heute zu schmutzig sind für den Fischotter.

 bis 80 cm

Biber

Typisch   Dichtes, braunes Fell und platter, schuppiger Ruderschwanz ohne Haare.

Holzfäller   Der Biber ist nicht nur sehr fleißig, sondern auch geschickt: Er baut sich seinen Lebensraum einfach selbst. Wo ein Bächlein fließt und saftige Weiden, Pappeln und Erlen am Ufer wachsen, da fällt er Bäume, futtert Blätter und Rinde und aus den Zweigen schichtet er einen Staudamm. So wird aus dem Bach ein kleiner See, in den er seine Biberburg aus Ästen schichtet. In der Burg werden die Biberkinder geboren. Ihr Eingang liegt unter Wasser.

Der Biber baut die Natur um.

Europa-Rekord

Mit seiner Größe von bis zu 80 cm und einem Gewicht von 20 – 30 kg ist der Biber mit Abstand das größte und kräftigste Nagetier Europas. Wegen seines dichten Pelzes und schmackhaften Fleisches wurde er früher stark bejagt. Heute ist er geschützt.

Bisam

Typisch   Wie ein kleiner Biber, aber mit dünnem, behaartem Schwanz.

Gräser und Muscheln   Obwohl Bisams im Wasser leben, essen sie doch keinen Fisch. Hauptsächlich ernähren sie sich von Uferpflanzen und deren Wurzeln, sie tauchen aber auch nach Muscheln, die sie mit ihren kräftigen Nagezähnen aufknacken. Ihre Höhlen graben sie in Dämmen und Deichen am Gewässerufer. Bisams vermehren sich sehr schnell und zerstören durch ihr ausgiebiges Buddeln Uferbefestigungen. Deshalb werden sie vielerorts von Menschen bekämpft.

Bisamhöhlen am Ufer.

Werde zum Detektiv!

Bisams sind schlau: Wo sie gejagt werden, da sind sie nicht leicht zu beobachten. Aber ihre Spuren verraten sie doch! Achte auf Höhleneingänge am Wasser und auf schmale Trampelpfade der Bisams – sie führen oft zu Haufen von Muschelschalen!

 50 cm

Stockente

Typisch   Männchen mit schillernd grünem Kopf. Unsere häufigste Ente, die an Fütterungsstellen oft handzahm wird.

Ente überall   Wo ein Gewässer ist, da ist mit Sicherheit auch eine Stockente zuhause. Ob See, Fluss, Gartenteich oder Graben – die Stockente ist nicht wählerisch und kommt überall zurecht. Denn sie frisst, was gerade da ist: Pflanzen, Samen, Getreide, Muscheln, Schnecken, Würmer, Krebse und sogar Brot oder Küchenabfälle. Nach dem Nestbau verlässt der Erpel das Weibchen. Brüten und Kükenaufzucht ist hier allein Aufgabe der Ente.

Gescheckte Enten

Oft kannst du Stockenten mit weißen Flecken beobachten. Dazu kommt es, wenn sich zahme Stockenten mit weißen Hauserpeln paaren und dann wieder zurück an ihren See oder Teich fliegen. Die Küken sind dann Mischlinge aus Stock- und Hausente.

Stockenten-Weibchen mit Küken.

 40 cm

Reiherente

Typisch Männchen schwarzweiß mit Federtolle auf dem Kopf. Weibchen schlicht dunkelbraun.

Typisch Tauchente Wenn Reiherenten Nahrung suchen, dann tauchen sie mit einem Kopfsprung unter Wasser und sind eine ganze Zeit lang verschwunden. Sie suchen mehrere Meter tief am Gewässergrund nach Muscheln und Wasserschnecken. Das unterscheidet sie von den „Gründelenten", zu denen auch die häufige Stockente zählt: diese strecken nur ihren Kopf unter Wasser und futtern, was sich in Reichweite ihrer Schnäbel findet.

Gut getarnt: Reiherenten-Weibchen mit Küken.

Die Ente und die Muschel

Seit sich die Wandermuschel (Seite 87) in unseren Flüssen und Seen ausgebreitet hat, ist auch die Reiherente viel häufiger geworden. Die Muschel wächst in dichten Kolonien am Gewässergrund, wo sie von der Reiherente mühelos erreicht wird.

 30 cm

Teichhuhn

Typisch Roter Schnabel mit gelber Spitze. Beine und Füße grün. Das Teichhuhn ist keine Ente.

Zuhause am Ufer Teichhühner sind an Teichen und Seen mit dicht bewachsenen Ufern zuhause, sie kommen aber auch in Stadtparks vor und sind hier oft sehr zutraulich. Ihr Nest bauen sie zwischen Schilf und Binsen am Ufer, oft auch auf dem flachen Wasser. Nach 3 Wochen schlüpfen aus den Eiern die Küken. Sie tragen ein dichtes Daunenkleid und können von Geburt an schwimmen. Schon kurz nach dem Schlupf verlassen sie das Nest.

Das ähnliche Blässhuhn.

„Köw"!

Im Ufersaum von Teichen, Seen und Flüssen ist auch das Blässhuhn zuhause. Es ist etwas größer als das Teichhuhn und hat eine weiße Stirnblesse und einen weißen Schnabel. Meist hörst du es schon von weitem: Es ruft laut „köw!".

Haubentaucher

Typisch Langer Hals, Federhaube am Kopf und spitzer Schnabel – Haubentaucher sind keine Enten!

Tauchersommer Im März sieht es aus, als würden die Haubentaucher draußen auf dem See tanzen. Das ist tatsächlich der Hochzeitstanz der Taucher! Danach bauen sie auf dem Wasser ein Nest aus trockenen Schilfhalmen. Das Nest schwimmt wie ein Floß, so dass vom Land aus kein Räuber ihre Eier stehlen kann. Nach 4 Wochen schlüpfen die Küken. Sie können sofort gut schwimmen und tauchen. Nach 6 Wochen sind die Kleinen schon selbständig.

Die Küken haben Köpfe wie Zebras.

Taucherwinter

Im Winter verlassen Haubentaucher ihre Brutreviere und schließen sich zu größeren Trupps zusammen. Friert der See zu, so fliegen sie auch gemeinsam zur Meeresküste, um hier an eisfreien Stellen nach Fischen zu tauchen.

 150 cm

Höckerschwan

Typisch   Schwan mit knallig orangefarbenen Schnabel mit schwarzem Wulst.

König der Wasservögel   Der Höckerschwan ist unser größter Wasservogel. Weil er so schön ist, wird er oft in Stadtparks gehalten und wird hier sehr zahm. In freier Natur baut er sich ein riesiges Nest aus Schilf – es ist so groß, dass darin ganz gemütlich 4 Menschenkinder Platz finden würden. Es muss ja auch Platz genug für 5 bis 8 junge Höckerschwäne und ein Elternteil bieten. Junge Schwäne sind immer schmutzig grau. Das ist ihre Tarnung!

Dieser Höckerschwan will
dich vertreiben!

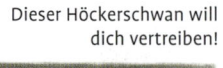

Achtung – Angriff!

Höckerschwäne verteidigen ihr Revier sehr energisch. Nähern sich Schwimmer oder Paddler ihrem Nest im Schilf, so kommen die Schwäne mit schlagenden Flügeln auf sie zu. Die mutigen Vögel scheuen sich auch nicht davor, Menschen anzugreifen.

Graureiher

Typisch   Grau mit langen Beinen und spitzem Dolch-schnabel. Ruft beim Auffliegen heiser „kreisch".

Stoßjäger mit Geduld   Der Graureiher steht oft wie ver-steinert reglos zwischen Uferpflanzen. Plötzlich schnellt sein Kopf vor und blitzschnell stößt der Dolchschnabel zu – zack – da hat er einen Fisch gefangen. Manchmal schreitet er bei der Jagd auch sehr langsam durchs Wasser oder über Wiesen, wobei ihm nicht die allerkleinste Bewegung entgeht! Neben Fischen fängt er auch Mäuse, Frösche und Würmer.

Fliegt mit eingezogenem Hals.

Brüten in Kolonien

Graureiher brüten meist auf hohen Bäumen in Gewässernähe. Wo ein Graureihernest ist, da werden es bald noch mehr, denn Graureiher sind sehr gesellig. Zwar streiten sie sich auch viel, doch ist man in einer Kolonie besser vor Feinden geschützt.

 20 cm

Eisvogel

Typisch Oben blau, unten orange. Schießt wie ein schillernder Pfeil dicht übers Wasser und ruft dabei laut „zieehhhh".

Aufgespießt Obwohl er so auffällig schillert, kann man den kleinen Eisvogel leicht übersehen, wenn er im Laub auf überhängenden Zweigen am Bach sitzt. Hier lauert er geduldig und reglos kleinen Schwarmfischen wie Gründlingen oder kleinen Forellen auf. Hat er Beute erspäht, lässt er sich wie ein Pfeil ins Wasser fallen und spießt den Fisch mit seinem kräftigen Dolchschnabel auf.

Der Eisvogel beim Beutefang.

Die Höhle am Ufer

Nicht nur zum Beutefang kann der Eisvogel seinen kräftigen Schnabel gut gebrauchen – er benutzt ihn auch, um sich an steilen Ufern eine lange Bruthöhle zu hacken. Am Ende des bis zu 1 m langen Ganges baut er die geräumige Bruthöhle.

Teichrohrsänger

Typisch   Sitzt an Schilfhalmen und singt.

Karrekiet!   Wo Schilf am Ufer von Teichen, Seen, Gräben und Flüssen wächst, da fehlen auch die kleinen Rohrsänger nicht. Mit ihrem bräunlichen Gefieder sind sie zwar unscheinbar und gut im Schilf getarnt, doch dafür singen sie umso lauter! „Karrekiet-karre-karre-kiet-kiet-kiet" knarren sie aus dem Schilf und das oft sogar die ganze Nacht hindurch. So kamen sie zu ihrem Spitznamen: In Norddeutschland nennt man sie „die kleinen Karrekiet".

Kinderstube der Rohrsänger.

Gut geflochten

Wo Rohrsänger leben, da gibt es keine Baumhöhlen zum Brüten und auch keine Sträucher, auf denen sie ihr Nest bauen könnten. Man muss sich nur zu helfen wissen: Ihre tiefen Napfnester spannen sie einfach zwischen Schilfhalmen auf.

 20 cm

Wasseramsel

Typisch Mit weißem Kehllatz. Steht auf Steinen im Bach und pickt nach Wasserinsekten.

Schwimmt und taucht Wird die Wasseramsel aufgescheucht, so fliegt sie schwirrend dicht über der Wasseroberfläche fort. Dabei leuchtet ihr weißes Kehllätzchen auffällig. Einmal gelandet, steht sie auf Steinen im Bach und hält Ausschau nach Wasserinsekten, kleinen Krebschen, Schnecken und Fischen. Um sie zu erbeuten, hüpft sie ins Wasser und schwimmt und taucht dabei ausdauernd.

Auch im Winter sind Wasseramseln oft zu beobachten.

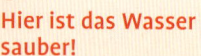

Hier ist das Wasser sauber!

Wasseramseln kommen nur an sauberen Bächen vor. Denn das Wasser muss so klar ein, dass sie darin ihre Beute finden können. Gegenüber Wasserverschmutzung sind Wasseramseln sehr empfindlich. So sind sie ein Zeiger für gute Wasserqualität.

Nest hinter dem Wasserfall.

Gebirgsstelze

Typisch   Langer Schwanz und gelbe Unterseite, meist am Wasser. Wippt viel mit dem Schwanz.

Wo das Wasser plätschert   Am liebsten ist die Gebirgsstelze da, wo das Wasser rauscht, so wie an klaren Bergbächen. Daher hat sie auch ihren Namen. Doch sie brütet auch durchaus im Flachland, wo immer klares Wasser plätschert. Denn hier findet sie ihre Nahrung: Eintags- und Köcherfliegen und deren im Wasser lebende Larven, aber auch Flohkrebse und andere kleine Wassertierchen. Ist das Wasser trübe, so findet sie nicht genug davon.

Ein Nistkasten für die Gebirgsstelze.

Das kannst du tun!

Gebirgsstelzen brüten gern in Halbhöhlen unter Brücken oder an Stauwehren. Wo eine geeignete Nische zum Brüten fehlt, da kannst du dem schönen Vogel mit einem speziellen Gebirgsstelzen-Nistkasten helfen – sie werden sehr gerne angenommen!

bis 100 cm

Ringelnatter

Typisch Dunkle Schlange mit gelben Halbmondflecken am hinteren Kopf.

Sonnen und Baden Die meiste Beute machen Ringelnattern im Wasser: Hier jagen sie Kröten, Frösche, Molche, Kaulquappen und auch kleine Fische. Doch neben Teichen und Tümpeln brauchen sie wie alle Schlangen auch warme, sonnige Plätze wie sonnenbeschienene Steinhaufen oder trockenes Holz. Oft sieht man die Schlangen hier am Vormittag beim Sonnenbaden. Sind sie aufgewärmt, gehen sie auf Beutefang im Wasser.

Ringelnattern jagen gern im Wasser.

Völlig ungefährlich!

Die Ringelnatter ist eine scheue und ungiftige Schlange. Nähert sich ein Mensch, so wird sie immer die Flucht ergreifen. Sie beißt nur sehr selten. Sollte es doch einmal dazu kommen, so ist ihr Biss für Menschen absolut ungefährlich.

Feuersalamander

Typisch   Nur in naturnahen Laubwäldern mit klaren, kühlen Bächen. Bevorzugt im hügeligen Bergland.

Ein richtiger Regenmolch   Willst du Feuersalamandern begegnen, so gehst du am besten bei heftigen Regenfällen im Wald spazieren! Ansonsten sind die heimlichen Tiere nämlich nur nachts unterwegs. Sie erbeuten Asseln, Würmer, Schnecken und Insektenlarven am Waldboden. Ins Wasser geht der erwachsene Salamander nicht – auch nicht zur Paarung wie Molche und Frösche. Nur seine Larven wachsen in klaren, sauerstoffreichen Waldbächen heran.

So wächst ein Feuersalamander heran.

Die Geburt der Larven

Anders als andere Molche legt das Feuersalamander-Weibchen keine Eier. 8 Monate lang trägt sie ihren Nachwuchs im Bauch. Dann wandert sie ans Wasser und bringt ihre 2,5 cm großen Larven zur Welt. Diese sind nach 2 bis 3 Monaten fertig entwickelt.

 10 cm

Teichmolch

Typisch   Bewohnt am liebsten sonnige Teiche mit vielen Wasserpflanzen, auch in naturnahen Gartenteichen ohne Goldfische.

Hochzeit im Teich   Sobald im Frühjahr die Sonne das Wasser im Teich aufwärmt, kommen die Teichmolche aus ihren Winterverstecken hierher, um sich zu paaren. Je nach Wetter geschieht das zwischen Februar und Mai. Das Männchen verwandelt sich jetzt in einen schicken Mini-Drachen mit gewelltem Rückenkamm, blau getupfter Seite und knalliger Unterseite. Aus den Eiern schlüpfen Larven, die bis zum nächsten Jahr im Teich leben.

Der Bauch ist knallig orange gemustert.

Wo seid ihr im Winter?

Im Herbst verlassen sie den Teich und suchen sich feuchte, frostfreie Verstecke unter Steinen, Ästen oder in der Erde unter Laub. Hier verbringen die Molche den Winter in einer Kältestarre. Im Frühjahr krabbeln sie wieder zurück in den Teich.

Unke

Typisch　Zierlich mit gelb oder orange (Gelb- oder Rot-
bauchunke) marmorierter Unterseite. Meist eher zu hören
als zu sehen!

Unkenrufe　Es klingt wie fernes Glockenläuten, wenn
Unken in einem Tümpel rufen. Dabei schauen nur ihre
Köpfe aus dem Wasser und die Tiere sind sehr schwierig zu
entdecken. Am liebsten mögen Unken flache, warme und
sonnige Tümpel, in denen keine Fische leben, die sonst
ihre Eier und Kaulquappen fressen würden. Unken leben
meist den ganzen Sommer im Wasser, den Rest des Jahres
verbringen sie an Land.

Unke in der berühmten
„Kahnstellung".

Rühr mich nicht an!

Fühlt eine Unke sich bedroht, streckt
sie Arme und Beine weit nach oben
und präsentiert ihre schwarzgelbe
Unterseite. Mit dieser „Kahnstellung"
zeigt sie ihren Feinden: „Achtung,
ich bin giftig!" Unken verfügen
tatsächlich über ein ätzendes
Hautgift.

 7 – 10 cm

Erdkröte

Typisch   Goldene Augen und warzige Haut.

Achtung – Krötenhochzeit!   Im März ist es wieder so weit!
In den ersten milden, regenreichen Nächten kommen alle
Erdkröten gleichzeitig aus ihren Winterverstecken an Land
und wandern zu ihrem Teich, um sich zu paaren und Eier
zu legen. Diese Wanderungen sind sehr gefährlich, weil sie
oft über viel befahrene Straßen führen. Bittet Eure Eltern,
in der Dämmerung nun besonders achtsam und langsam
zu fahren und dabei auf wandernde Kröten zu achten!

Erdkröte mit ihren
Laichschnüren.

Perlenketten im Wasser

Erdkröten legen sogenannte
Laichschnüre: Ihre Eier liegen
aufgereiht in meterlangen Bändern
aus durchsichtigem Glibber. Diese
Schnüre spannen sie sorgsam
zwischen Röhricht oder Ästen unter
Wasser auf. Nach 1 bis 2 Wochen
schlüpfen die Kaulquappen.

Laubfrosch

Typisch   Leuchtend grün mit dunklen Seitenstreifen, ruft laut und rau „app...äpp...äpp" bis weit in die Nacht hinein.

Kleiner Kletterkünstler   Laubfrösche findest du selten am Boden herumhüpfend wie andere Frösche, denn meist hangeln sie sich durchs Geäst wie kleine Affen! Hier jagen sie ihre Lieblingsspeise: Käfer, Fliegen und Mücken. Damit sie nicht herunterfallen, haben sie an Fingern und Zehen runde, klebrige Haftscheiben ausgebildet – damit saugen sie sich bei jedem Griff fest.

Ein Frosch, der klettern kann!

Mag keinen Fisch

Laubfrösche brauchen zum Ablegen ihrer Eier sonnige, flache und warme Gewässer mit vielen Wasserpflanzen und Gebüsch am Ufer. Am liebsten haben sie Tümpel, in denen keine Fische leben – denn die würden ihre Eier im Nu verspeisen!

 9 – 12 cm

Teichfrosch

Typisch   Grün mit dunklen Flecken. Häufigster Frosch im Gartenteich.

Quakt den ganzen Sommer   Im Gegensatz zum Grasfrosch, der nur für wenige Tage im März zum Teich kommt, um sich zu paaren, findest du Teichfrösche praktisch den ganzen Sommer über am Wasser. Die Paarungszeit dauert von April bis Juni und dabei quaken die Männchen lautstark nach Weibchen. Doch sie quaken auch, um andere Männchen zu vertreiben. Oft kommt es auch zu Rangeleien, bei denen sie sich gegenseitig untertauchen.

Männchen mit zwei seitlich ausstülpbaren Schallblasen.

Sind Frösche im Teich erlaubt?

Stell dir das mal vor: Teichfrösche haben schon oft zu Streitereien zwischen Erwachsenen geführt: Weil die Frösche so laut im Gartenteich gequakt haben, dass die Nachbarn nicht mehr schlafen konnten! Doch Frösche lassen sich das Quaken nicht verbieten.

Grasfrosch

Typisch   Bräunlicher Frosch, im März in Massen im Teich.

Märzfrösche   Im März, nach den ersten frostfreien Nächten, hörst du plötzlich ein Brummen und Knurren aus dem Teich und überall platscht es heimlich, wenn du dich dem Wasser näherst. Die Grasfrösche sind aus ihrer Winterstarre erwacht und treffen sich in Riesenscharen im Teich zur Hochzeit! Jedes Paar legt einen Klumpen aus Eiern ab – jedes davon ist von einer schützenden Hülle aus Wackelpudding umhüllt.

Ein Laichballen enthält oft über 1000 Eier.

Tausende kleiner Kaulquappen

Je nach Wetter schlüpfen nach einigen Tagen oder Wochen die winzigen, schwarzen Kaulquappen aus ihrer glibberigen Eihülle. Noch sehen sie aus wie kleine Fische, doch bis zum Sommer verwandeln sie sich in richtige Mini-Frösche und verlassen den Teich.

bis 150 cm

Aal

Typisch   Schlangenförmiger Fisch.

Weltenbummler   Der Aal ist ein richtiger Wanderfisch: In seinem Leben durchquert er gleich zweimal den Atlantischen Ozean! Im Alter von 15 Jahren schwimmen die Aale flussabwärts in Richtung Meer – bis vor die Küste Mittelamerikas. Hier, in der warmen Sargassosee, legen alle Aale ihre Eier ab. Die winzigen Jungaale werden nach dem Schlupf aus den Eiern mit der Strömung wieder nach Europa gedriftet und wandern hoch in unsere Flüsse.

Die Wanderroute unserer Aale.

Eingesetzt

Als wandernde Fischart kommt der Aal ursprünglich nur in solchen Seen und Flüssen vor, die mit dem Meer in Verbindung stehen. Doch weil er ein beliebter Speisefisch ist, hat der Mensch ihn auch in vielen anderen Gewässern ausgesetzt.

Bachforelle

Typisch   Getupfte Oberseite. Nur in klaren, kühlen und sauberen Bächen.

Die Rotgetupfte   Bachforellen bilden unter Wasser richtige Reviere aus, die sie gegen Artgenossen verteidigen. Zu einem guten Bachforellen-Revier gehören überhängende Wurzeln zum Verstecken, Felsblöcke, die die Strömung beruhigen sowie tiefe Gumpen, also Mulden im Bachbett. Nur während der Laichzeit im Winter verlassen Bachforellen kurzfristig ihre Reviere und ziehen bachaufwärts, um ihre Eier dort in den kiesigen Gewässergrund zu legen.

In solchen Bächen sind Bachforellen zuhause.

Selten geworden

Früher war die Bachforelle noch häufig, heute ist sie eher eine Seltenheit. Viele unserer Bäche bieten ihr keinen Unterschlupf mehr, weil man die Ufer einfach begradigt hat. Und in verschmutztem Wasser kann die Forelle nicht überleben.

 30 – 50 cm

Karpfen

Typisch Großer Fisch mit Barteln am Maul. Gezüchtete Karpfen leben in vielen Fischteichen.

Gar nicht so wild Ursprünglich ist der Karpfen in warmen Gewässern Asiens zuhause. In Europa kommt er wild nur in wärmeren Regionen vor. Was bei uns in Karpfenteichen lebt, das sind Zuchtformen des Wildkarpfens. Sie haben einen höheren Rücken als die Wildform und es gibt sie in vielen verschiedenen Züchtungen wie den Spiegelkarpfen mit seinen wenigen, sehr großen Schuppen. Unsere Gewässer sind dem Karpfen zur Fortpflanzung normalerweise zu kalt.

So sieht die Wildform des Karpfens aus.

Fisch mit Rüssel

Der Karpfen sucht seine Nahrung am schlammigen Bodengrund seiner Wohngewässer. Dazu kann er sein Maul zu einem kurzen Rüssel ausstülpen: so durchwühlt er den Schlamm nach Würmern, Kleinkrebsen, Schnecken und anderen Tierchen.

Rotfeder

Typisch   Rote Flossen. Im Sommer oft in Schwärmen an der Wasseroberfläche zu sehen.

Gefährlicher Sommer   Rotfedern leben in Gewässern mit vielen Unterwasserpflanzen. Sie ernähren sich von Algen und weichen Blättern, aber auch von kleinen Wasserinsekten. Im Sommer, wenn der Sauerstoff im Wasser knapp wird, stehen sie oft in dichten Schwärmen knapp unterhalb der Wasseroberfläche. Hier werden sie zur leichten Beute für den Hecht, der oft urplötzlich mit lautem Platschen in so einen Schwarm springt.

Rotfedern sind
Schwarmfische.

Nachwuchs im Mai

Im Mai suchen Rotfedern in großen Gruppen flache, pflanzenreiche Uferzonen auf. Jedes Weibchen heftet 50 000 bis 200 000 Eier an Stängel und Blätter. Aus ihnen schlüpfen, abhängig von der Wassertemperatur, nach 3 bis 10 Tagen die kleinen Fischchen.

 5 – 10 cm

Moderlieschen

Typisch Häufiger, silbrig glänzender Grundfisch, meist in Schwärmen.

Ententaxi Moderlieschen besiedeln erstaunlich schnell neu angelegte Gartenteiche – auch ohne dass jemand sie dort hineingesetzt hat. Wie kommen die Fische hierhin? Sie benutzen einfach Wasservögel als Taxi: Ihre Eischnüre kleben sie an Wasserpflanzen, und wenn eine Ente hindurchschwimmt, bleiben oftmals einige Eier an ihrem Gefieder hängen. Fliegt die Ente zum nächsten Teich, so nimmt sie die Eier mit dorthin.

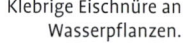
Klebrige Eischnüre an Wasserpflanzen.

Die fangen Mücken!

Moderlieschen sind beliebt, weil sie Unmengen an Mücken vertilgen: Ihre Nahrung suchen sie nah an der Wasseroberfläche – hier hängen auch die im Wasser lebenden Larven der Stechmücke. Doch die Fische springen auch gezielt nach fliegenden Mücken!

Gründling

Typisch Häufiger, langgestreckter Grundfisch, meist in kleinen Trupps.

Toller Teichfisch! Gründlinge sind typische Grundfische. Zur Nahrungssuche durchwühlen sie den Bodengrund und futtern hier Kleintiere und Aas. So sorgen die anspruchslosen, kleinen Fische dafür, dass nichts am Gewässerboden fault – und das Wasser bleibt sauber. Wer einen eigenen Gartenteich hat, der sollte hier ruhig einen Schwarm Gründlinge einsetzen – man sieht sie zwar selten, aber dafür hat man einen kostenlosen Reinigungsdienst!

Gründlinge fängt man mit einer Senke.

Was ist eine Senke?

Fische zu keschern ist nicht leicht – die meisten sind einfach zu schnell! Einfacher geht es mit einer Senke (Hebenetz): Du lässt das Netz bis auf den Grund sinken und wartest ruhig ab, bis Fische darüber schwimmen. Dann hebst du es vorsichtig an.

Flussbarsch

Typisch   Fisch mit hohem Rücken, dunklen Streifen und stacheligen Rückenflossen.

Zebra mit roten Flossen   Obwohl er „Flussbarsch" heißt, kannst du ihn praktisch auch in jedem Teich oder See finden, denn Barsche sind sehr anpassungsfähig. Sie leben sogar in Flussmündungen und auch im salzigen Meerwasser. Da sie am liebsten in Ufernähe schwimmen, sind sie auch vom Land aus gut zu beobachten und mit etwas Geschick auch zu keschern. Besser geht es mit einer sogenannten Senke (Seite 55)!

Jungbarsche schwärmen gemeinsam umher.

Warum bist du gestreift?

Durch die dunklen Streifen sind Barsche für andere Fische nicht so leicht als Fisch zu erkennen. Das klingt verrückt, ist aber wahr: Die Streifen „unterbrechen" den Fischkörper und dadurch ist er im Pflanzengewirr unter Wasser schwieriger auszumachen.

Hecht

Typisch   Ein langer Fisch mit einer Schnauze wie ein Entenschnabel.

Lauert im Pflanzengewirr   Hechte habe endlose Geduld. Völlig regungslos können sie stundenlang zwischen Wasserpflanzen verharren, um dann urplötzlich pfeilschnell vorzupreschen und schnapp – schon packt ihr Riesenmaul zu. Der Hecht vertraut auf seine Tarnung und wartet, bis ihm die Beute praktisch vors Maul schwimmt. Das sind hauptsächlich andere Fische, aber auch Frösche oder Küken von Wasservögeln.

Viele messerscharfe Zähnchen verraten den Räuber!

Angelfisch Nr. 1

Der Hecht ist ein sehr beliebter Angelfisch. Am besten fängt man ihn mit sogenannten „Wobblern“: Das sind kleine, bunte Fische aus Plastik mit Haken dran. Um an einem Gewässer angeln zu dürfen, benötigst du einen Angelschein.

 5 – 8 cm

Dreistachliger Stichling

Typisch   Kleiner Fisch mit 3 Stacheln auf dem Rücken.

Vaterfamilie   Längst nicht alle Fische legen ihre Eier einfach irgendwo ins Wasser! Das Stichlings-Männchen baut ein richtiges Nest am Gewässergrund und lockt dann mit auffälligen Zickzacktänzen ein Weibchen an, damit es seine Eier ins Nest legt. Gleich danach schwimmt das Weibchen fort und das Männchen besamt die Eier im Nest. Von nun an bewacht und pflegt der Vater seinen Nachwuchs, bis die Jungfische groß genug und selbständig sind.

Knallroter Bauch: Männchen
zur Paarungszeit.

Toll fürs Aquarium!

Stichlinge sind wegen ihres faszinierenden Verhaltens ideale und beliebte Fische für ein Kaltwasseraquarium (es sind ja keine tropischen Fische, die es warm brauchen!) mit reichlich Bepflanzung. Das richtige Lebendfutter bekommst du im Zoohandel.

Stechmücke

Typisch Lästige Blutsauger, die juckende Quaddeln machen.

Blut für den Nachwuchs Stechmücken-Männchen sind ganz harmlos: Sie saugen süße Pflanzensäfte. Doch die Weibchen saugen Blut und stechen dafür Tiere und Menschen an. Sie brauchen das Blut als eiweißreiche Nahrung, damit ihre Eier sich gut entwickeln können. Die legen sie ins Wasser – dazu genügen ihnen Regentonnen, Planschbecken oder Pfützen. Ihre Larven hängen an der Wasseroberfläche, wo sie ihr Atemrohr zum Luftholen herausstrecken.

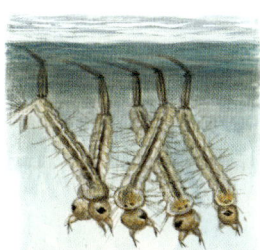

Die Larven leben im Wasser!

Warum juckt der Mückenstich?

Mücken geben beim Stechen Speichel in die Stichwunde. Der Speichel verhindert, dass das Blut gerinnt und dick wird – sonst würde es ja ihren Stechrüssel verstopfen und es würde nichts mehr hindurchpassen. Der Speichel enthält ein Eiweiß, das juckt.

 2 cm

Furchenschwimmer

Typisch   Großer, flacher Schwimmkäfer, der immerzu unter Wasser umherflitzt.

Plopp – und fest   Hast du schon einmal Gummisaugnäpfe an einer Fliese angedockt? Am besten halten sie, wenn man sie vorher etwas befeuchtet, zum Beispiel mit Spucke. Nach demselben Prinzip hält sich das Furchenschwimmer-Männchen zur Paarung am Weibchen fest: An seinen Vorderbeinen hat es kräftige Saugnäpfe und unter Wasser kleben die natürlich richtig gut! Hat es die Eier befruchtet, lässt das Männchen sein Weibchen wieder los.

Männchen mit Saugnäpfen an den Vorderbeinen.

Männlein oder Weiblein?

Außer an den dicken Saugnäpfen an den Vorderbeinen erkennst du das Männchen auch an seinen Flügeldecken: Die sind nämlich ganz glatt. Das Weibchen hat dagegen tief zerfurchte Flügeldecken – daher kommt auch der Name „Furchenschwimmer".

Taumelkäfer

Typisch   Kleiner, stahlblau glänzender Käfer auf dem Wasserspiegel.

Eingebaute Taucherbrille   An sonnigen Tagen wird einem beim Beobachten der Taumelkäfer richtig schwindlig: In unglaublichem Tempo kurven und kreisen sie auf der Wasseroberfläche herum. Dabei können sie gleichzeitig unter und über Wasser gucken, denn ihre Augen sind in zwei Teile geteilt: Die Unterwasserhälfte erspäht Beute unter Wasser, die Überwasserhälfte hält Ausschau nach Insekten, die aufs Wasser fallen – und schon geschnappt!

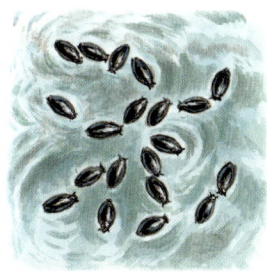

Flitzen in Kreisen auf der Wasseroberfläche.

Wo seid ihr im Winter?

Wenn die Temperaturen im Herbst sinken, verlassen die Taumelkäfer das Wasser und fliegen in geschützte, ufernahe Bereiche. Hier suchen sie sich gemütliche, frostfreie Verstecke unter Baumwurzeln oder größeren Steinen – bis zum nächsten Frühjahr!

3 – 3,5 cm

Gelbrandkäfer

Typisch   Großer Schwimmkäfer mit gelb gerandetem Halsschild.

Rudern & Fliegen   Gelbrandkäfer tragen lange Schwimm-borsten an ihren Beinen. Wenn sie die unter Wasser ab-spreizen, werden aus ihren Beinen im Nu perfekte Ruder, mit denen sie durchs Wasser flitzen. Neue Teiche können die Käfer schnell besiedeln, denn sie fliegen auch ganz hervorragend. Sowohl der Käfer als auch seine große, kräftige Larve leben räuberisch von Wasserinsekten, Kaulquappen und kleinen Fischen.

Seine Larve wird sogar
6 – 7 cm lang.

Gefahr im Gartenteich?

Manche Teichbesitzer mögen die Käfer nicht, weil sie Angst um ihre Jungfische haben – oder weil ihr Kind mal von einem Käfer gezwickt wurde. Doch die schönen Käfer gehören einfach zu einem gut funktionierenden Teich dazu und sind nicht gefährlich.

Gemeine Köcherfliege

Typisch Die unter Wasser lebende Larve sieht aus wie ein wanderndes Blätterhäufchen.

Kein Schmetterling Erwachsene Köcherfliegen werden oft mit Schmetterlingen verwechselt. Viele halten sie für „Motten", weil sie so unscheinbar bräunlich sind. Im Unterschied zu Schmetterlingen legen Köcherfliegen ihre Flügel in Ruhe dachartig über dem Körper zusammen und ihre Larven leben im Wasser. Erwachsene Köcherfliegen leben meist nur eine Woche lang und essen überhaupt nichts. Ihre Aufgabe besteht nur darin, sich zu paaren und Eier abzulegen.

Fadenförmige Fühler und Flügel wie aus Pergament.

Bedroht!

Fast die Hälfte aller bei uns ursprünglich lebenden Köcherfliegen steht heute auf der „Roten Liste" der bedrohten Tierarten. Besonders gefährdet sind empfindliche Arten, deren Larven nur in Mooren, Quellen oder klaren Bächen leben können.

1,5 – 3 cm

Pilzkopf-Köcherfliege

Typisch   Die Larve spinnt sich Köcher aus Sand und Ästchen. Nur in sauberen Fließgewässern und an klaren Seeufern.

Zusammengekleistert   Die Köcherfliegen bekamen ihren Namen wegen einer eigenartigen Angewohnheit ihrer im Wasser lebenden Larven: Die spinnen sich nämlich aus Spinnseide, Sand und Ästen Wohnröhren, in die sie hineinkriechen und die sie immerzu mit sich herumschleppen. Diese „Köcher" dienen ihnen als Schutz vor Fressfeinden, gleichzeitig verhindern sie auch, dass die Tierchen mit der Strömung fortgerissen werden.

Die Larve wohnt in ihrem selbstgebauten Köcher.

Sauberes Wasser!

Es gibt viele verschiedene Arten von Köcherfliegen. Die meisten von ihnen können nur in sauberen Gewässern leben. Sie dienen deshalb Ökologen als Zeiger für gute bis sehr gute Wasserqualität. Leben in deinem Bach auch Köcherfliegenlarven?

Schlammfliege

Typisch   Träge Tiere mit getönten, dachförmig angelegten Flügeln. Lassen sich leicht greifen.

Immer am Wasser   Den Großteil ihres Lebens verbringen Schlammfliegen unter Wasser: 2 Jahre lang lebt die Larve hier als Räuber von anderen Wasserinsekten und kleinen Fischen. Dann krabbelt sie an Land, gräbt sich eine Höhle in der Erde und verpuppt sich darin. Nach 2 Wochen schlüpft daraus die fertige Schlammfliege. Sie legt ihre Eier an Uferpflanzen. Die daraus schlüpfenden Larven lassen sich ins Wasser fallen.

Schlammfliegen-Larven leben im Wasser.

Schau mir auf die Flügel!

Schlammfliegen sind in Wirklichkeit gar keine Fliegen. Das erkennt man sofort an ihren 4 Flügeln: Fliegen haben nämlich nur 2 Flügel! Die Flügel der Schlammfliegen bilden ein Dach über ihrem Körper und haben ein sehr grobmaschiges Adernetz.

1–2 cm

Wasserläufer

Typisch   Bewegt sich ruckartig auf dem Wasserspiegel.

Warum gehst du nicht unter?   Der Wasserläufer berührt das Wasser nie mit seinem Körper, sondern nur mit den Füßen. Diese sind mit einem Pelz aus Haaren versehen, die sehr fettig sind und dadurch das Wasser abstoßen. Der Wasserläufer putzt und fettet sie regelmäßig. So kann er nicht untergehen! Zusätzlich verteilen die langen Beine des Tieres sein Gewicht perfekt. Schau mal genau hin: Die langen Hinterbeine bilden ein großes „X".

Immer auf dem Wasser –
auch zur Paarung.

Im Frühling ans Wasser!

Wasserläufer sind im Frühjahr die ersten Insekten, die du in der Natur entdecken kannst. Und sofort wird Hochzeit gefeiert – natürlich auf dem Wasser. Obwohl das Männchen dabei auf dem Weibchen liegt, gehen die beiden nicht unter!

Stabwanze

Typisch Gelblich braun und schlank. Wirkt auf den ersten Blick nicht wie ein Lebewesen!

Getarnt als dürrer Halm Im Gewirr der Wasserpflanzen ist die Stabwanze kaum als Tier zu erkennen: Mit ihrem gelblichen, dünnen Körper ähnelt sie eher einem verwelkten Halm. Hinzu kommt, dass sich dieses Tier wirklich kaum bewegt. Es lauert einfach reglos mit ausgebreiteten Fangarmen, bis ein unvorsichtiges Wasserinsekt oder ein kleiner Fisch vorbei schwimmt und – zack! – gefangen! Mit ihrem Stechrüssel saugt die Stabwanze ihre Beute aus.

Mit Beute in den Fangarmen.

Mit Schnorchel & Stachel

Was am Hinterleib der Stabwanze so gefährlich spitz und lang aussieht, das ist nicht zum Stechen da: Es ist nur das Atemrohr, mit dem sie über Wasser Luft einsaugt. Stechen kann sie trotzdem: Mit ihrem unter dem Bauch versteckten Stechrüssel.

2 – 2,5 cm

Wasserskorpion

Typisch   Mächtige Greifarme und langes Atemrohr.

Kann stechen!   Flaches Wasser in Ufernähe mit viel Pflanzengewirr ist das Revier der Wasserskorpione. Hier lauern sie reglos an Wasserpflanzen, strecken ihr Atemrohr aus dem Wasser und rühren sich nicht vom Fleck. Nähert sich ein unvorsichtiges Tier, so schnellen die Greifzangen vor und packen es. Für Menschen sind Wasserskorpione nicht gefährlich, aber bitte nicht mit den Händen fangen – die Tiere können wespenartig stechen!

Ähnelt einem Skorpion – ist aber keiner!

Immer im Kopfstand

Der Wasserskorpion hält sich gern in Reichweite der Wasseroberfläche auf – und das meist im Kopfstand! Denn so kann er, während er unter Wasser Beute auflauert, bequem seinen langen Schnorchel aus dem Wasser strecken und atmen.

Rückenschwimmer

Typisch Schwimmt immer auf dem Rücken, lange hintere Beine.

Mit Taucherausrüstung Um möglichst lange tauchen zu können, trägt der Rückenschwimmer immer einen Luftvorrat an seinem Bauch mit sich herum. Diese Luftkammer dreht ihn unter Wasser automatisch auf den Rücken, so dass er wirklich nur auf dem Rücken schwimmen kann! Mit seinen langen Ruderbeinen paddelt er kräftig und jagt allen möglichen Kleintieren unter Wasser hinterher. Er packt sie mit den Vorderbeinen, sticht sie an und saugt sie aus.

Seine langen Hinterbeine dienen als Ruder.

Achtung Wasserbiene!

Der Rückenschwimmer sieht aus wie ein harmloser Käfer – ist aber keiner. Er gehört zu den Wasserwanzen und kann mit seinem unter den Bauch geklappten Stechrüssel auch Menschen empfindlich stechen! Das gab ihm auch den Namen „Wasserbiene".

Gebänderte Prachtlibelle

Typisch Flügel der Männchen mit breitem, dunklem Streifen. Sitzen oft auf trockenen Halmen oder Ästen, die übers Wasser ragen.

Schillernd und zänkisch Prachtlibellen am Flussufer zu beobachten ist eine wundervolle Sommer-Beschäftigung, denn hier ist immer etwas los! Entschlossen verteidigen die Männchen ihre Reviere gegen Artgenossen. Kommt endlich ein Weibchen herbei, dann wird es sogleich mit schwirrenden und flatternden Tanzflügen umworben und zu den besten Eiablageplätzen geleitet.

Anspruchsvoll: die Prachtlibellen-Larve.

Immer am Fluss

Prachtlibellen kommen nur an langsam fließenden Bächen und Flüssen mit sonnigen Uferabschnitten vor und sind empfindlich gegenüber Gewässerverschmutzung. Nur wo der Untergrund sandig und das Wasser klar ist, können ihre Larven leben.

Frühe Adonislibelle

Typisch Feuerrote Kleinlibelle, klappt im Sitzen die Flügel an den Körper.

Die erste Libelle im Jahr Während die meisten anderen Libellen erst im Sommer unterwegs sind, kannst du die Frühe Adonislibelle schon früh im Jahr an Tümpeln oder langsam fließenden Bächen finden. Ende April schlüpfen die ersten Adonislibellen – und wenige Tage später sind es plötzlich schon sehr viele! Trotz ihrer leuchtend roten Färbung sind sie nicht leicht zu entdecken, denn sie fliegen nur ungern und sitzen meist versteckt am Ufer herum.

Häutet sich in den frühen Morgenstunden.

Kinderstube unter Wasser
Adonislibellen werden nur wenige Wochen alt. Zeit genug, einen Partner zu finden und Eier im Wasser abzulegen. Die daraus schlüpfenden Larven leben meist 2 Jahre lang unter Wasser. Dann krabbeln sie an Land und häuten sich zur fertigen Libelle.

 4 cm

Pechlibelle

Typisch   Hinterleib schwarz mit hellblauem „Schlusslicht".
Praktisch an jedem Gewässer.

Liebesräder   Wird es Mittag am Gewässer, so schnappt
sich das Männchen der Pechlibelle ein Weibchen und hält
es hinter dem Kopf fest. So, als Paarungsrad, fliegen die
beiden nun mehrere Stunden lang gemeinsam herum – das
ist die längste Paarungszeit aller Libellen weltweit!
Erst gegen Abend wird das Weibchen wieder freigelassen
und kann nun seine befruchteten Eier in Blätter und Halme
im Wasser ablegen.

Libellenhochzeit!

Robust & wetterfest

Libellen sind richtige
Schönwettertiere. Kaum zieht es zu,
da verkrümeln sie sich ins nächste
Gebüsch. Nicht so die Pechlibellen:
Sie kannst du auch an kühlen, win-
digen Sommertagen beobachten –
selbst Regen macht ihnen nicht viel
aus.

Azurjungfer

Typisch Schlanke Libelle, Männchen azurblau mit Schwarz. Weibchen grünlich braun.

Blaue Stäbchen Azurjungfern entdeckst du oft als erstes, wenn du an einen Badesee kommst: Da fliegen ganz viele, leuchtend blaue Stäbchen dicht über der freien Wasserfläche. Das sind die Männchen der Azurjungfern. Die grünbraunen Weibchen triffst du eher über Gräsern am Uferrand: Hier jagen sie Mücken und andere kleine Insekten. Azurjungfern mögen klares Wasser und viele Unterwasserpflanzen, in denen sich ihre Larven verstecken können.

Hufeisen- (o. l.), Fledermaus- (o. r.) und Becher-Azurjungfer.

Hufeisen, Fledermaus, Becher

Schau mal, welche schwarze Zeichnung du auf dem ersten größeren Hinterleibsring erkennst – ist es ein Becher, ein Hufeisen oder eine Fledermaus? Nach der Form dieser Zeichnung werden die verschiedenen Arten benannt.

 bis 8 cm

Blaugrüne Mosaikjungfer

Typisch Häufige Libelle mit blau-grün-schwarzer Mosaik-zeichnung (Weibchen nur grün und schwarz).

2 Jahre auf Tauchgang Die Blaugrüne Mosaikjungfer stellt keine großen Ansprüche an ihren Lebensraum: Ihre Larven können sogar in kleinen Gartenteichen überleben. Hier erbeuten die 4–5 cm großen Larven alles, was ihnen den Weg kreuzt: Selbst kleine Fische und Kaulquappen sind vor ihnen nicht sicher. Nach 2 Jahren krabbeln sie an einem Stängel aus dem Wasser und häuten sich zur Libelle.

Die Larve lebt auch in Gartenteichen.

Ups – angerempelt!

Das kommt gar nicht so selten vor: Du spazierst auf einem Waldweg daher und plötzlich stößt du mit einer Libelle zusammen. Die Blaugrüne Mosaikjungfer fliegt auch fernab von Gewässern und rempelt ab und zu andere an – keine Angst, sie tut dabei nichts!

Königslibelle

Typisch Blauer Hinterleib und grüne Brust. Sitzt fast nie!

König der Libellen Mit ihrer Flügelspannweite von 12 cm ist die Königslibelle unsere größte und schnellste Libelle. Sie verteidigt große Reviere an Gewässern und andere Großlibellen – auch andere Arten – werden daraus entschlossen vertrieben. Dabei kommt es häufig zu heftigen Luftgefechten mit knisternden Flügeln. Nicht selten verletzten sich die Libellen dabei auch gegenseitig. Für uns Menschen sind die Tiere aber absolut harmlos!

Schlüpft bei Nacht.

Massenschlupf bei Nacht

Alle Königslibellen-Larven ein und desselben Tümpels schlüpfen fast gleichzeitig in einer Nacht aus dem Wasser, um sich zur fertigen Libelle zu häuten. Wie sie das machen und ob sie sich dabei untereinander unter Wasser absprechen, ist völlig unklar.

 4 – 5 cm

Plattbauch

Typisch Abgeplatteter Körper. Flügel an der Basis mit dunklem Fleck. Weibchen gelbbraun, Männchen hellblau.

Frisst im Flug Plattbäuche sind tolle Flieger. Oft siehst du, wie sie in rasantem Flug von einer Aussichtswarte losdüsen, sich ein Insekt aus der Luft greifen und es noch im Flug verspeisen. Die Männchen verteidigen richtige Reviere und halten hier ständig Ausschau nach vorbeifliegenden Weibchen. Nähert sich ein anderes Männchen, wird es verfolgt und verjagt.

Das Weibchen ist gelbbraun.

Sticht nicht!

Viele Menschen fürchten sich vor Libellen, weil sie so groß sind und dabei wenig scheu. Doch keine Angst – alle Libellen sind völlig harmlos und friedlich – sie können nicht stechen, denn sie haben gar keinen Stachel und auch kein Gift!

Heidelibelle

Typisch   An Teichen und Tümpeln mit viel Randbewuchs. Männchen rot, Weibchen gelbbraun.

Das Jahr der Libelle   Im Juni siehst du die ersten Heidelibellen fliegen. Sie paaren sich und legen ihre Eier ins Wasser. Die Eier überwintern im Bodenschlamm und im nächsten Frühjahr schlüpfen daraus unter Wasser die kleinen Larven. Bis zum Sommer leben sie am Gewässergrund. Dann sind sie ausgewachsen, krabbeln aus dem Wasser und häuten sich zur fertigen Libelle. Sie suchen sich einen Partner und legen wieder ihre Eier ins Gewässer.

Im Tandem zur Eiablage.

Warum fliegt ihr im Tandem?

Nach der Paarung hält das Männchen sein Weibchen noch etwa 10 Minuten lang am Kopf fest – so aneinandergekoppelt als Tandem fliegen sie über das Wasser, während das Weibchen seine Eier ablegt. Das Männchen stellt so sicher, dass alles gut geht.

 2–3 cm

Eintagsfliege

Typisch   3 lange Schwanzanhänge und gefleckte Flügel.

Tanz des Lebens   An warmen Juniabenden am Fluss kannst du mit etwas Glück ein fantastisches Naturschauspiel bewundern: Jetzt ist Zeit für die Hochzeitstänze der Eintagsfliegen. Nach und nach schlüpfen Hunderte oder sogar Tausende der Tiere aus dem Wasser und tanzen in der Dämmerung über dem Fluss. Nach der Paarung legen die Weibchen ihre befruchteten Eier aufs Wasser. Die Eier sinken zum Grund und daraus schlüpfen die Larven.

Tolles Naturschauspiel: Tänze über dem Fluss.

Lebt ihr wirklich nur einen Tag?

Erwachsene Eintagsfliegen leben wirklich nur sehr kurz: meist 2 bis 4 Tage lang. Nach der Eiablage lassen sie sich ins Wasser fallen und sterben. Doch ihre Larven am Gewässergrund leben 3 Jahre lang – bis es Zeit ist für die Hochzeit über dem Fluss.

Wasserfloh

Typisch   Ihr Körper ist von einem durchsichtigen Panzer umgeben, aus dem nur die Antennen herausragen.

Pünktchen im Wasser   Sie sind praktisch in jedem Gewässer zu finden – von wassergefüllten Fahrspuren über Regentonnen bis hin zu Seen und Flüssen. Nur zu schnell fließen darf das Wasser nicht, sonst werden die winzigen Krebse mit der Strömung fortgerissen. Als Nahrung genügen Bakterien und Algen – so halten die Tierchen das Wasser sauber. Für Jungfische und viele andere kleine Wasserbewohner sind Wasserflöhe eine wichtige Nahrung.

Der ähnliche, auch nur 1 mm kleine Hüpferling.

Hüpft mit einem Auge

Genau wie der Wasserfloh hat auch der ähnliche Hüpferling nur ein einziges, großes, schwarzes Auge. Die Namen „Wasserfloh" und „Hüpferling" beziehen sich auf die ruckartig hüpfende Fortbewegungsweise der kleinen Krebschen.

1 – 1,5 cm

Wasserassel

Typisch   Sieht der bekannten Kellerassel ähnlich.

Recycling unter Wasser   Wasserasseln findest du in jedem stehenden und in langsam fließenden Gewässern – überall da, wo sich zerfallende Pflanzenreste am Boden ansammeln können. Wasserasseln haben hier die wichtige Aufgabe, diese Pflanzenteile klein zu häckseln und zum Teil aufzufuttern. Die Reste können dann von winzigen Bakterien zersetzt werden. So sorgen Wasserasseln dafür, dass nichts am Bodengrund herumliegt und verfault.

Känguru-Mütter

Wasserasseln tragen ihre Eier und Jungtiere wochenlang mit sich in einem Beutel herum – ähnlich wie ein Känguru. Der Brutbeutel der Asseln liegt auf der Unterseite zwischen den Vorderbeinen. Nach 3 bis 6 Wochen dürfen die Jungen ausschlüpfen.

Im Brutbeutel trägt die Mutter ihren Nachwuchs.

Bachflohkrebs

Typisch   Liegt und schwimmt auf der Seite!

Gut versteckt   Bachflohkrebse findest du in Flüssen und Bächen mit sandigem oder kiesigem Boden oft massenhaft! Die kleinen Tierchen halten sich gern in großen Gruppen unter Steinen oder zwischen Wasserpflanzen auf – hier kann die Strömung sie nicht fortreißen. Ihre Nahrung besteht aus lebenden oder abgestorbenen Pflanzen und Überresten von Tieren. Bei Überbevölkerung fressen sie sich auch gegenseitig auf.

Häufig schwimmen sie so im „Doppelpack".

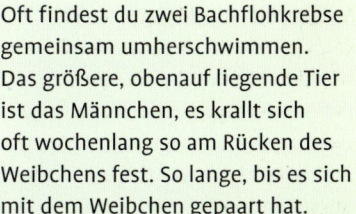

Flohkrebs-Hochzeit

Oft findest du zwei Bachflohkrebse gemeinsam umherschwimmen. Das größere, obenauf liegende Tier ist das Männchen, es krallt sich oft wochenlang so am Rücken des Weibchens fest. So lange, bis es sich mit dem Weibchen gepaart hat.

Flusskrebs

Typisch   Großer, brauner Krebs, sieht aus wie ein Mini-Hummer.

Fast verschwunden   Der Europäische Flusskrebs lebt nur in sauberen, klaren Flüssen und Bächen zwischen unterspülten Weiden- und Erlenwurzeln. Früher war er praktisch in jedem unserer Flüsse zu finden. Heute sind ihm unsere Fließgewässer zu schmutzig und in den geradegebaggerten, glatten Ufern findet er keinen Unterschlupf mehr. So ist der Flusskrebs heute bei uns eine Seltenheit und steht unter Naturschutz.

Amerikanischer Flusskrebs

Häufig findet man den kleineren, bei uns eingeschleppten Amerikanischen Flusskrebs. Er kommt auch mit trüberem Wasser zurecht. Leider hat er eine Krankheit eingeschleppt, die ihm selber nicht viel ausmacht, an der aber Europäische Flusskrebse sterben.

Amerikanischer Flusskrebs mit roten Querstreifen.

Wasserspinne

Typisch   Weltweit die einzige Spinne, die ihr ganzes Leben unter Wasser verbringt.

Coole Tauchglocke   Wenn eine Spinne tauchen will, dann hat sie dasselbe Problem wie wir Menschen: Sie bekommt unter Wasser keine Luft! Die Wasserspinne hat sich einen Trick ausgedacht, um sogar komplett unter Wasser leben zu können: Sie baut sich eine große Tauchglocke mit einem Luftvorrat. Die Spinne ist nämlich eigentlich recht faul. In ihrer Glocke muss sie nur warten, bis Beute vorbeischwimmt und zack! – schon schnappt sie zu.

Ist die Tauchglocke fertig, zieht die Spinne hier ein.

Wie kommt die Luft in die Glocke?

Die Wasserspinne hat spezielle Haare am Hinterleib, zwischen denen sich über Wasser Luft ansammelt. Damit taucht sie ab und bürstet die Luft in ihr feines Seidengespinst unter Wasser – solange, bis ihr Gespinst sich hochwölbt zur Tauchglocke.

bis 4 cm

Posthornschnecke

Typisch   Dunkelbraunes, flaches und dickwandiges Haus in Form eines Posthorns, daher der Name.

Mag viel Grünzeug   Posthornschnecken sind hauptsächlich in Teichen und Seen zuhause, aber auch in langsam fließenden Flüssen kannst du sie finden. Hauptsache, es gibt viele Wasserpflanzen dort. Am liebsten leben sie da, wo das Wasser höchstens 3 m tief und der Untergrund schön schlammig ist: Denn hier finden sie viele abgestorbene Pflanzen, Laub und Aas. Wenn du am krautigen Ufer kescherst, kannst du bestimmt eine fangen!

Ähnlich: die kleinere und zartere Tellerschnecke.

 Tür zu!

Trocknet ihr Gewässer im Hochsommer aus, so zieht sich die Posthornschnecke tief in ihr Haus zurück und verschließt den Eingang mit einer Tür aus Schleim. So überdauert sie auch den Winter – eingegraben im Schlamm, bis es wärmer wird.

Spitzschlammschnecke

Typisch   Hat ein großes, spitz zulaufendes Gehäuse.

Kleine Allesfresser   Mit ihrer rauen Zunge weiden Spitzschlammschnecken feine Algenbezüge von Steinen und Wasserpflanzen. Sie suchen aber auch am Gewässergrund nach Überresten toter Tiere. Zum Luftholen müssen sie regelmäßig auftauchen, denn sie atmen über Lungen, genau wie wir Menschen. Ihre glibberigen Eier heften sie an die Unterseite von Schwimmblättern – die Babyschnecken kommen daraus schon mit Haus zur Welt.

Eigelege an der Unterseite eines Schwimmblattes.

Abgetaucht

Oft siehst du die Schnecken an der Unterseite der Wasseroberfläche entlanggleiten. Tippst du sie an, so stoßen sie blitzschnell ihre Atemluft aus und lassen sich zu Boden sinken. Keine Sorge: morgen sind sie wieder oben angekommen!

 bis über 20 cm

Teichmuschel

Typisch   Große, gelbbraune Muschel. Nur in stehenden und langsam fließenden Gewässern.

Die Wasser-Saubermacher   Teichmuscheln wühlen ständig den Gewässerboden ein wenig auf und saugen das aufgewirbelte Wasser ein. Zwischen ihren Schalen filtern sie Algen und kleine Schwebstoffe aus dem Wasser und futtern diese auf. Das klare Wasser stoßen sie wieder aus. So machen Muscheln in Seen und Flüssen unser Wasser wieder klar. Eine Muschel kann pro Tag 40 l Wasser filtern und über 100 Jahre alt werden!

Ein starkes Team:
Bitterling und Muschel.

Teamwork Fisch und Muschel

Bitterlinge können nur dort leben, wo auch die Teichmuscheln vorkommen: Sie legen ihre Eier zwischen die Muschelschalen – der Muschel macht das nichts aus. Die Eier können sich hier gut geschützt entwickeln und verlassen die Muschel als Jungfische.

Wandermuschel

Typisch   Dreieckige Schalenform und dunkle Zickzack-streifen. Wird deshalb auch „Dreikantmuschel" oder „Zebramuschel" genannt.

Blinde Passagiere   Die Wandermuschel ist in den letzten Jahrzehnten tatsächlich weite Strecken gewandert: Vom Schwarzen Meer im Osten Europas, wo sie ursprünglich zuhause ist, bis her zu uns in unsere Flüsse und Seen. Das sind mehr als 1500 km – und das als Muschel mit nur einem Fuß! Dabei hat die Muschel ein wenig gemogelt: Mit Klebfäden hat sie sich einfach an Schiffen festgeheftet und sich über Flüsse hierher schippern lassen.

Für diese Leckerbissen tauchen Reiherenten gern!

In dicken Klumpen

Wandermuscheln heften sich mit ihren Klebfäden nicht nur an Schiffsrümpfe, sondern an alle festen Gegenstände unter Wasser – ob Holz, Stein oder Müll. So findest du sie meist in Kolonien dicht an dicht und sogar übereinander sitzend.

 1–5 cm

Schlammröhrenwurm

Typisch Dünner, gummibandähnlicher Wurm, der aus dem Gewässergrund herausschaut. Häufig in stark verschmutzten Gewässern.

Kopfüber im Schlamm Diese Würmer, auch Tubifex genannt, machen immerzu Kopfstand: Sie futtern den ganzen Tag Schlamm mit den darin enthaltenen winzigen Pflanzenteilen und Überresten von Tierleichen. Ihre Hinterteile ragen dabei frei ins Wasser und wedeln immerzu frisches Atemwasser heran. Je weniger Sauerstoff im Wasser enthalten ist, desto stärker müssen ihre Hinterteile wackeln.

Tubifex-Würmer sind als Futter für Aquarienfische beliebt.

Stampf mal auf!

In manchen Gewässern ist der ganze Bodengrund von den vielen Schlammröhrenwürmern rötlich gefärbt. Stampfe einmal kräftig mit Deinen Gummistiefeln auf: Schon ziehen sie sich in ihre Röhren zurück und der Grund sieht ganz schwarz aus.

Fischegel

Typisch   Grün, schwarz und weiß gestreifter Wurm mit je einem Saugnapf am vorderen und hinteren Körperende.

Vampire im See!   Den Fischegel findet man am häufigsten in schlammigen Teichen und Seen. Hier lauert er am Gewässergrund, bis er einen Fisch erschnuppert und schwupp – schon hat er sich daran festgesaugt und die Fischhaut mit messerscharfen Zähnchen aufgeraspelt. Aus der Wunde trinkt er Fischblut. Nach etwa 2 Tagen ist der Egel satt und lässt den Fisch wieder los. Menschen fällt der Fischegel nicht an!

So lauert der Fischegel seiner Beute auf.

Wozu hast du Saugnäpfe?

Mit dem hinteren Saugnapf hält sich der Egel auf Steinen oder Wasserpflanzen fest, bis er einen Fisch wittert. Mit dem vorderen Saugnapf heftet er sich dann am Fisch fest. Egel sind aber auch sehr flinke und wendige Schwimmer.

 1–2 cm

Süßwasserpolyp

Typisch   Sitzen oft in Massen auf Unterwasserblättern oder auf Ästen am Gewässergrund. Im Tümpelaquarium oft auf den Glasscheiben zu sehen.

Fiese, kleine Räuber   Süßwasserpolypen sind festsitzende Tierchen, die einfach warten, bis ihnen die Beute direkt vor den Mund schwimmt. Um ihre dehnbare Mundöffnung herum sitzen lauter kleine Fangarme. Berührt ein Wasserfloh oder ein winziger Fisch diese Arme, so schießen daraus blitzschnell messerscharfe Harpunen hervor. Sie durchbohren die Haut des Opfers und spritzen ein Gift hinein.

Versteckt in den Fangarmen liegen solche Harpunen.

Für Menschen gefährlich?

Mit ihren Harpunen und dem Gift sind Süßwasserpolypen für kleine Wassertierchen gefährlich, nicht aber für uns Menschen. Die Harpunen sind so klein, dass sie die menschliche Haut nicht durchdringen könnten, selbst wenn sie wollten.

Geweihschwamm

Typisch Wächst unter Wasser auf Holz oder Steinen. Fühlt sich glitschig an und riecht an Land muffig.

Keine Pflanze, sondern ein Tier Weil dieses Wesen kein Vorne und kein Hinten hat, keine Augen zum Sehen und keine Beine zum Laufen, dachte man lange Zeit, es wäre eine Pflanze. Doch tatsächlich sind Schwämme Tiere! Denn sie müssen, um zu leben, richtig essen. Über winzige Öffnungen strudeln sie Wasser mit winzigen Bakterien ein und futtern sie auf. So sind Schwämme wichtige Unterwasserfilter, die unsere Seen und Flüsse sauber halten.

Dieser Schwamm wächst in Süßgewässern.

Tauchgang im Badesee

Schnapp dir im Sommer doch einfach mal Taucherbrille und Schnorchel und schau, was du damit im Badesee oder im Fluss entdecken kannst! Du kannst dabei ruhig durchs Wasser waten oder auch von der Luftmatratze ins Wasser schauen.

Wo im Buch steht was?

Bildquellen

Umschlagfoto vorn: Zoonar/Willi Rolfes. Alle anderen Fotos stammen von Frank Hecker und Frieder Sauer/Frank Hecker, mit Ausnahme von S. 77: Hecker/blickwinkel/Stahlbauer; S. 26, 79: Hecker/blickwinkel/Hartl. Die Zeichnungen fertigte Paschalis Dougalis mit Ausnahme der folgenden: Fariba Gholizadeh, Fuchs-Illustrationen Umschlag und Innenteil. Symbole Lebensräume und Größenangaben: Stefan Dehmel

Haftung

Die in diesem Buch enthaltenen Empfehlungen und Angaben sind von den Autoren mit größter Sorgfalt zusammengestellt und geprüft worden. Eine Garantie für die Richtigkeit der Angaben kann aber nicht gegeben werden. Autoren und Verlag übernehmen keinerlei Haftung für Schäden und Unfälle.
Der Verlag Eugen Ulmer ist außerdem nicht verantwortlich für den Inhalt von Links.

Bibliografische Information der Deutschen Nationalbibliothek
Die Deutsche Nationalbibliothek verzeichnet diese Publikation in der Deutschen Nationalbibliografie; detaillierte bibliografische Daten sind im Internet über http://dnb.d-nb.de abrufbar.

© 2012 Eugen Ulmer KG
Wollgrasweg 41, 70599 Stuttgart (Hohenheim)
E-Mail: info@ulmer.de
Internet: www.ulmer.de
Umschlagentwurf, Innenlayout: Wiebke Hengst, Ostfildern
Lektorat: Ina Vetter
Herstellung: Silke Reuter
Reproduktion: timeray, Herrenberg
Druck und Bindung: Litotipografia Editrice Alcione, Lavis
Printed in Italy

ISBN 978-3-8001-5825-6